김 소 현

보 랑 반

대한민국 교육과학기술부

한국어 회화 1

한 국 교 육 과 정 평 가 원
국 제 교 육 진 흥 원

본 교재는 한국어를 처음 배우려고 하는 재외동포를 위하여 개발한 교재입니다. 재외동포 2, 3세로 초등학생 정도의 연령 대에 있는 학습자들을 중심으로 개발하였으며 외국인을 위한 교재로도 사용할 수 있도록 배려하였습니다

본 교재는 한국어 회화 교재로, 단지 한국어 문형이나 발음, 한글 등 한국어에 대한 지식만을 가르치기 위하여 만들어진 기존의 한국어 교재와는 달리 각 상황에서 한국어로 어떻게 이야기할 것인가에 초점을 맞추어 개발하였습니다. 그 구성 또한 교실에서 선생님의 지도 하에 다양한 학습활동을 하면서 한국어를 학습할 수 있도록 하였습니다. 따라서 혼자 학습하는 것보다는 교실에서 선생님의 지도 아래 친구들과 함께 학습하는 것이 더욱 효과적입니다.

교재의 내용을 소개하면 다음과 같습니다.

1. 교재 구성

외국인이나 재외동포를 위한 한국어 교재는 국어학을 연구하기 위한 것이 아니라 한국어를 모국어로 하지 않는 학습자들을 대상으로 한국어를 더욱 효과적으로 말하고 듣고 쓰고 읽게 하기 위한 것이어야 합니다. 따라서 한국어 회화 교재는 문법 설명이나 국어학에 관한 지식 중심이라기보다는 한국에서 실제로 사용되고 있는 말 중심으로 개발되어야 합니다. 이 교재는 그러한 관점에서 개발된 것입니다.

이 교재는 한국에서의 생활에 필요한 생활 한국어와 필수적으로 알아야 할 한국어 문법과 한국에서의 예절 대화 등의 내용으로 구성되어 있습니다.

또한 이 교재는 단순히 교과서의 구실만 하는 것으로 끝나지 않고 workbook의 역할도 동시에 할 수 있도록 구성하였습니다. 이는 단순히 교재를 보는 것만으로 끝내는 것이 아니라 그 안에서 학습자가 무엇인가 직접 활동하면서 학습할 수 있도록 하기 위함입니다.

따라서 교재 내용도 그 단원에서 배울 것을 전부 배운 다음에 과제를 해결하는 형태가 아니라 각 과정마다 학습내용을 배우면서 즉시 확인할 수 있도록 하였습니다. 아울러 앞의 단원에서 배운 것도 같이 확인할 수 있도록 구성하였습니다.

2. 학습 목표(기초 한국어, 상황중심의 대화)

재외동포 어린이 혹은 외국인이 한국을 방문하여 지내는 데 필요한 가장 기초적인 한국어 상황을 제시하였습니다. 그리고 이와 관련된 다양한 학습활동을 통하여 기초적인 한국어 회화에 익숙해지도록 하였습니다.

총 목 표	언 어 행 위
· 이질적인 한국문화에 대하여 주변 한국인들의 도움 아래 최소한의 기본적인 사회생활 영위할 수 있다. · 기본적인 인사와 함께 생활에 필요한 최소한의 의사를 표현할 수 있다.	- 단어위주로 자신의 의사표현이 가능하다. - 느린 속도의 표준어를 들을 수 있다. - 기본 의문문을 이해하고 이에 대한 최소한의 긍정과 부정을 표현할 수 있다. - 한국어의 존칭어를 이해할 수 있다. - 기본적인 경제활동이 가능하다.(숫자, 물건사기, 계산) - 한국어로 웃어른이나 친구들과 인사할 수 있다. - 인사말을 듣고 대답할 수 있다. - 길 묻기가 가능하다. - 대중교통을 이용할 수 있다.

3. 교재의 수준

(1) 본 교재는 한국어 회화 교재인 점을 감안하여 읽기와 쓰기보다는 말하기와 듣기에 중점을 두고 교재를 개발하였습니다.

(2) 본 교재의 차시는 50시간으로 하였습니다.

(3) 한 단원의 차시는 3~4시간으로 하였습니다. 매일 30~40분씩 학습할 경우에는 1주에 한 단원, 3~4개월에 책 전체를 학습할 수 있도록 하였습니다. 주말 한글학교에서 하루에 2시간씩 학습할 경우 2주에 한 단원, 6~7개월에 책 전체를 학습할 수 있도록 하였습니다. 이는 매일 학습의 경우 1주에 하나의 학습 목표를 달성할 수 있다고 하고, 주말 한글학교에서의 한국어 수업이 1년 중 6~7개월 정도 이루어진다는 것을 염두에 두고 한 학년에 걸쳐 사용할 수 있도록 한 결과입니다.

(4) 이러한 수업 진행을 위하여 학습 목표에 맞는 과제(Task)를 다양하게 제시하여 수업시간에 활용할 수 있도록 하였습니다.

4. 한 단원의 구성

각 단원의 전체 쪽수는 10쪽으로 되어 있습니다. 각 쪽별 구성 내용은 다음과 같습니다.

1쪽 학습 목표

첫 페이지에 그 단원에서 배울 학습 목표와 함께 그 단원 상황에 맞는 그림과 간단한 대화를 제시하였습니다. 학습 목표는 학습자들에게 미리 그 단원에서 어떤 부분을 학습할 것인지에 대해 알려주는 것으로, 학습동기를 유발하고 질문을 통해 선행학습을 유도함으로써 이 단원에서 학습할 내용을 예측 가능하게 하였습니다.

2쪽 대화문

각 단원의 학습 목표에 가장 적합한 대화를 상황에 맞게 제시하고, 아울러 그 대화의 이해를 돕기 위하여 삽화도 함께 제시하였습니다.

대화는 그 단원의 학습에 꼭 필요한 것으로 구성하되, 높임말에 익숙하지 않은 재외동포 학생들과 외국인을 위하여 가능한 한 높임말로 제시하였습니다. 그리고 문법에 치우치지 않도록 재미있게 구성하되 인위적으로 만든 이야기가 아니라 일상생활에서 나타날 수 있는 자연스러운 상황으로 구성하였습니다.

그리고 대화 상황 아래 간단한 질문을 제시하여 학생들이 그 대화를 이해하였는지를 알 수 있도록 하였습니다.

3쪽 새로나온 말

그 단원에서 새로 배우는 어휘나 관용표현 등을 제시하였습니다. 어휘는 같은 범주의 어휘들을 동시에 제시하되 적절히 제약을 가하여 제시하였습니다. 이 어휘들을 모아 따로 부록에 제시하였습니다. 어휘 제시는 설명보다 어휘의 용례나 그림을 활용하여 학습자가 그 의미를 깨달을 수 있도록 하였습니다. 아울러 그 어휘들을 잘 알고 있는지 확인도 할 수 있게 하였습니다.

4쪽 따라하기

그 단원에서 배울 문법을 제시하였습니다. 문법은 장황한 설명보다는 표현 위주로 제시하여 학습자들이 이야기 안에서 자연스럽게 깨달을 수 있도록 유도하였습니다. 또한 가르치는 교사를 위하여 부록에 자세한 설명을 제시하였습니다.

그리고 위에서 배운 문법요소를 대화상황에서 확인할 수 있도록 하였습니다. 즉 문법요소를 배우면서 동시에 확인도 할 수 있도록 하였으며 아울러 실제 대화상황에서 어떻게 쓰였는지, 그리고 그 문법요소들이 제대로 쓰였는지를 확인할 수 있도록 하였습니다.

5쪽 대화하기

이 페이지는 2쪽의 대화문을 좀더 확장한 부분입니다. 이 대화를 통하여 학생들이 대화를 더욱 깊이 전개해 나갈 수 있도록 하였으며, 또 이전에 배운 학습요소들도 복습해 나갈 수 있습니다. 대화체는 학생들이 연령과 친소관계에 따른 표현을 익힐 수 있도록 높임말과 반말을 같이 제시하였습니다. 그리고 질문을 통하여 그 대화상황을 이해했는지 알아볼 수 있게 하였습니다.

6쪽 이야기 만들기

이 페이지는 각 단원에서 학습한 내용을 바탕으로 학생들 스스로가 대화를 만들 수 있도록 한 부분입니다. 5쪽의 '대화하기'를 반복하여 제시함으로써 새로운 표현에 좀더 익숙하게 함과 아울러 빈칸을 두어 학생들 스스로가 여러 가지 표현을 만들어 보도록 하였습니다. 특별히 한국문화와 연계해서 상황을 부여하여 학생들이 한국문화에 대해서도 이해할 수 있도록 하였습니다.

7쪽 듣기

이 페이지는 학습자의 듣기 실력을 향상시키기 위한 부분입니다. 듣기 내용을 쉽게 파악할 수 있도록 그림이나 힌트가 이야기의 흐름에 맞게 적절히 제시되어 있습니다. 듣기 지문은 부록에 제시하였습니다.

8-9쪽 함께 하기

단원의 학습 목표에 맞추어 수업활동을 다양하게 할 수 있도록 꾸민 부분으로, 학생들이 이 단원에서 배운 것을 정리하고 심화할 수 있도록 하였습니다.

10쪽 쓰기

재외동포들에게 취약한 '쓰기'를 고려하여 제시한 부분입니다. 그 단원과 관련 있는 내용과 한국에 대해 기본적으로 알아야 할 내용을 앞에서 학습한 내용을 바탕으로 쓰기 공부를 할 수 있도록 하였습니다.

6. 교수 요목

	상황	목표	과	주제 및 기능	문형 및 표현	수업활동
1	친척집에서	재외동포 어린이가 방학을 맞이하여 한국의 친척집을 방문, 인사와 소개하는 법을 배운다.	1	인사하기 : 인사, 감사, 사과 표현	• 인사말 • 저는 인수예요	• 학생증 만들기 • 인사하기
			2	소개하기 : 가족, 친구, 직업에 대한 표현	• 이 사람은 가수예요 • 남자 친구가 아니예요	• 퀴즈 놀이 • 가족 소개 • 직업 소개
			3	집 구조 및 주거문화 : 묻고 답하기	• 이게 뭐예요? • 어디에 있어요?	• 다섯고개 게임 • 우리집 그리고 설명하기
			4	식사시간 : 맛 표현, 음식이름	• 식사표현 • 맛 표현	• 한국음식 소개하기 • 젓가락, 숟가락 사용법
2	길에서	목적지를 찾아가는 과정에서 방향과 위치 표현을 배운다.	5	활동 : 동작, 요일, 숫자	• 책을 읽어요 • 두 시에 • 일요일에	• 한 주 활동 설명하기 • 숫자 게임
			6	위치 표현 : 사물, 사람의 위치 표현	• 양말하고 바지 • 앞, 뒤, 위, 아래 • 오른쪽, 왼쪽	• 약도 설명하기 • 숨은 그림 찾기
			7	길 찾기 : 방향, 장소 표현	• 오른쪽으로 • 학교에서 문구점까지 • 인형도 샀어요.	• 지난 활동 설명하기 • 미로찾기 게임
			8	택시 타기 : 목적지 이야기하기	• 가 주세요 • 친구 만나러 가요.	• 계획 세우기 • 택시 놀이
			9	지하철 타기 : 지도 보기, 길 찾기	• 버스를 탈 거니? • 지하철을 탈 거예요	• 지하철 노선도 보고 목적지 찾아가기 • 지하철 호선 찾기
			10	버스 타기 : 버스 교통 이용하기, 버스 노선 묻기	• 타야 돼요?	• 버스 노선 확인하기 • 버스 노선 묻기

	상황	목표	과	주제 및 기능	문형 및 표현	수업활동
3	가게에서	물건을 사거나 주문하는 상황을 통하여 수, 가격 표현 등을 익힌다.	11	식당에서 음식 주문하기	• 뭐 먹을래? • 냉면 먹을래요	• 식당에서 음식주문하기 • 패스트푸드점에서 주문하고 계산하기
			12	슈퍼마켓에서 물건 사기 : 단위 명사 및 가격 표현	• 한 개에 얼마예요?	• 단위명사 확인하기 • 물건값 알아보기
			13	문구점에서 물건 사기 색 관련 표현	• 파란색이 더 좋아	• 색 만들기 • 색종이 접기 놀이
			14	시장 가기 : 계획 세우기, 시장 이용하기	• 가기로 했어 • 가고 싶어요	• 시장 놀이 • 방학 계획 세우기
			15	패스트푸드점 이용하기 : 주문하기	• 치즈 버거 보다	• 각국 문화 이해하기 • 각국의 전통 옷

차 례

일러두기 ·· 3

1. 안녕하세요? ··· 11

2. 이 사람은 누구예요? ··· 21

3. 이게 뭐예요? ··· 31

4. 잘 먹겠습니다 ··· 41

5. 책을 읽어요 ··· 51

6. 바지가 어디에 있어요? ·· 61

7. 오른쪽으로 돌아가세요 ·· 71

8. 잠실역으로 가 주세요 ·· 81

9. 지하철을 탈 거예요 ·· 91

10. 몇 번 버스를 타야 돼요? ································· 101

11. 저는 물냉면을 먹을래요 ··························· 111

12. 한 개에 얼마예요? ······························ 121

13. 파란색이 더 좋아 ······························· 131

14. 동대문 시장에 가기로 했어 ···················· 141

15. 치즈 버거보다 불고기 버거가 더 맛있어 ·············· 151

부 록

듣기 지문 ································· 162

문법 설명 ································· 166

단어 색인 ································· 171

활용 자료 ································· 175

안녕하세요?

이모 : 안녕? 인수야.

인수 : 안녕하세요?

이모 : 오래간만이야.

인수 : 네, 정말 반가워요.

1. 인수는 이모에게 뭐라고 인사해요?

① 안녕?　　　② 미안해요.

③ 안녕하세요?　　④ 오래간만이야.

2. 그림을 보고 여러 가지 말로 인사해
보세요.

할머니   어머니(엄마)   누나/언니   형/오빠   남동생   여동생   고모
할아버지   아버지(아빠)   이모   삼촌   이모부

• 반가워요

1. 이모 : 안녕? 인수야.
   인수 : 안녕하세?

2. 누나 : 반가워.
   인수 : 반가워 ____.

■ 빈칸에 알맞은 말을 넣어 보세요.

누나 : 다녀왔습니다.

인수 : 누나, 안녕하세요? 저는 인수예요.

누나 : 안녕? 인수야. 만나서 반가워.

인수 : 네, 저도 반가워요.

1. 집에 돌아왔어요.
   부모님께 뭐라고 인사해요?
   ① 안녕하세요?
   ② 다녀왔습니다.
   ③ 안녕히 계세요.

2. 그림을 보고 말해 보세요.
   인수는 뭐라고 인사해요?

누나 : 다녀왔습니다.

인수 : 누나, _____? 저는 인수예요.

누나 : 안녕? 인수야. _____.

인수 : 네, 저도 반가워요.

■ 위의 이야기에 알맞은 그림을 고르세요.

(   )

(   )

(   )

(   )

■ 다음 말을 잘 듣고 알맞은 대답을 해 보세요.

1. 우리 반에 누가 있어요? 얼굴을 색칠하고 물어 보세요.

질문＼얼굴					
이름이 뭐예요?					
어디에 살아요?					
어느 나라 사람이에요?					
학교 이름이 뭐예요?					

2. 여러분의 학생증을 만들어 보세요.

   (1) 우리 반 이름을 정해 보세요.

      여러분은 반 이름을 뭐라고 하고 싶어요?

      반 이름 : _____

   (2) 반 이름을 정했어요? 그러면 여러분의 학생증을 만들어 보세요.

(자료 175쪽 참조)

학 생 증

사 진	이　름 :
	학　년 :
	반 이름 :
	집 주 소 :

학교 이름 _____

3. 다음 그림을 보고 보기 에서 알맞은 말을 찾아보세요.

안녕히 주무셨어요?   안녕히 계세요.   안녕히 가세요.   안녕하세요?

안녕히 주무세요.   안녕?   안녕히 다녀오세요.   다녀왔습니다.

■ 그림에 알맞은 인사말을 써 보세요.

1.

안녕히 주무셨어요?

2.

안녕히 주무세요.

3.

안녕? 인수야.

4.

안녕히 다녀오세요.

5.

만나서 반가워.

6.

선생님, 안녕하세요?

인수 : 이 사람은 누구예요?

누나 : 그 사람은 가수야.

인수 : 누나 남자 친구예요?

누나 : 아니, 남자 친구가 아니야.

1. 이 사람은 누구예요?
   ① 야구 선수
   ② 선생님
   ③ 가수

2. 이 사람은 누나 남자 친구예요?
   ① 네, 누나 남자 친구예요.
   ② 아니요, 누나 남자 친구가
      아니에요.

(가수) 야구 선수

영화배우 회사원

(경찰) 의사

(학생) (선생님)

학생　　영화배우　　가수　　의사　　경찰　　회사원　　야구 선수　　선생님

> • 이 사람은 가수예요.
> • 이 사람은 남자 친구가 아니에요.

1. 인수 : 이 사람은 누구_____?
   누나 : 그 사람은 가수야.

2. 인수 : 누나 남자 친구_____?
   누나 : 아니, 남자 친구_____.

■ 빈칸에 알맞은 말을 넣어 보세요.

인수 : 그럼, 이 사람이 남자 친구예요?

누나 : 응, 맞아.

인수 : 누나 남자 친구는 학생이에요?

누나 : 아니, 경찰이야.

인수 : 네! 정말이에요?

1. 이 사람은 누구예요?

　① 인수 친구

　② 인수 형

　③ 누나 남자 친구

2. 누나 남자 친구는 학생이에요?

　① 네, 학생이에요.

　② 아니오, 학생이 아니에요.

인수 : 그럼, 이 사람이 남자 친구예요?

누나 : 응, 맞아.

인수 : 누나 남자 친구는 _____?

누나 : _____, 경찰이야.

인수 : 네! 정말이에요?

■ 위의 이야기에 알맞은 그림을 고르세요.

(   )

(   )

(   )

(   )

■ 다음 대화를 잘 들어보세요. 누구일까요?

1. 여러분의 가족을 그리고 친구들에게 소개해 보세요.

2. 누구일까요? 알아맞혀 보세요.

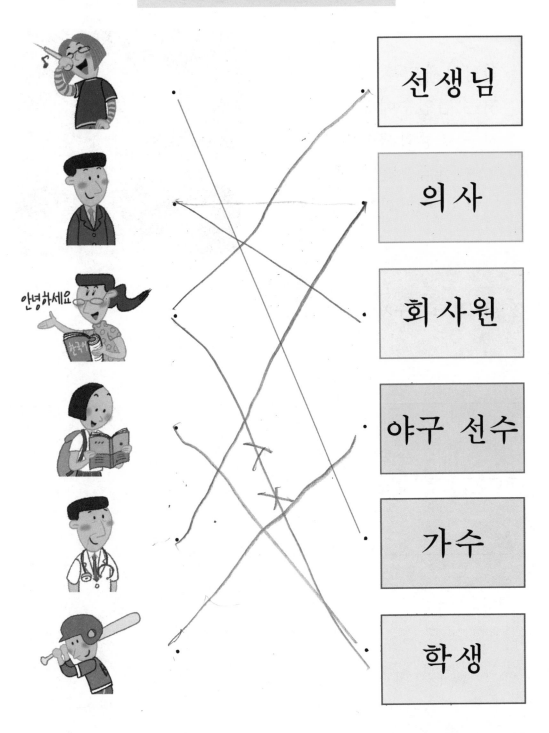

"나는 누구일까요?"

선생님

의사

회사원

야구 선수

가수

학생

1. 다음은 인수가 하는 인사말이에요. 큰 소리로 읽어 보세요.

안녕하세요?
저는 김인수예요.
저는 초등학생이에요.
저는 한국 사람이에요.
만나서 반가워요.

2. 여러분도 인수처럼 인사해 보세요.

_____

_____

_____

_____

이게 뭐예요?

인수 : 이게 뭐예요?

이모 : 그건 풍선껌이야.

인수 : 그래요? 그럼, 치약은 어디에 있어요?

이모 : 치약은 욕실에 있어.

1. 이게 치약이에요?

   ① 네, 치약이에요.

   ② 아니오, 풍선껌이에요.

2. 치약은 어디에 있어요?

   ① 치약은 거실에 있어요.

   ② 치약은 욕실에 있어요.

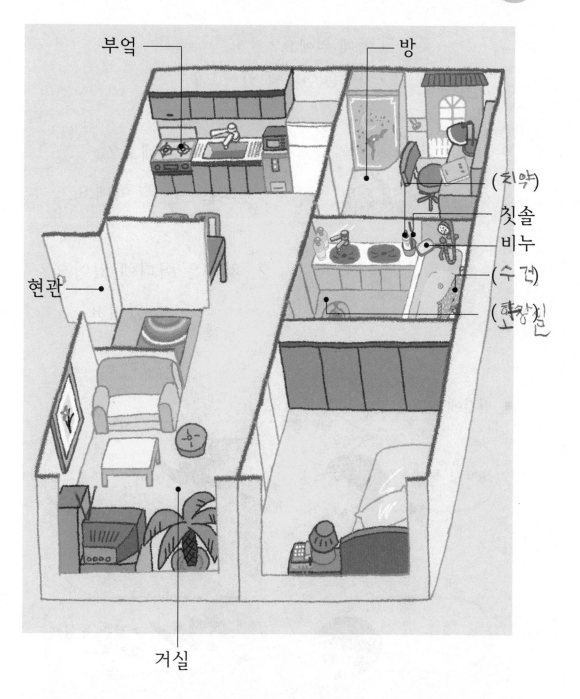

부엌

방

(치약)

칫솔

비누

(수건)

(화장지)

현관

거실

욕실　거실　칫솔　샴푸　현관　치약　방　수건　비누　부엌

- 이게 뭐예요?
- 치약은 어디에 있어요?

1. 이게 뭐예요?
   그건 에이 이에요.

2. 치약은 어디에 있어요?
   하 재배 에 있어요.

■ 빈칸에 알맞은 말을 넣어 보세요.

인수 : 이모, 이 방은 누구 방이에요?

이모 : 그 방은 할머니 방이야.

인수 : 이게 뭐예요? 의자예요?

이모 : 아니, 그건 의자가 아니야. 할머니 책상이야.

인수 : 그럼, 의자는 어디에 있어요?

이모 : 의자는 이모 방에 있어.

1. 위의 방은 누구 방이에요?

　① 이모 방　　　　② 누나 방　　　　③ 할머니 방

2. 할머니 방에 뭐가 있어요?

　① 　　② 　　③

인수 : 이모, 이 방은 누구 방이에요?

이모 : 그 방은 할머니 방이야.

인수 : 이게 뭐예요? 의자예요?

이모 : 아니, _____ 의자가 아니야. 할머니 책상이야.

인수 : 그럼, 의자는 어디에 _____?

이모 : 의자는 이모 방에 있어.

■ 위의 이야기에 알맞은 그림을 고르세요.

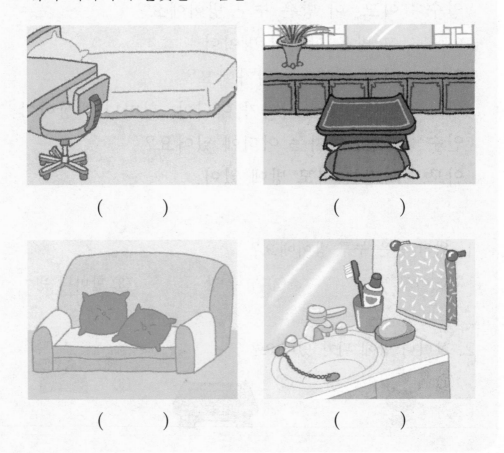

(   ) (   )

(   ) (   )

■ 다음 이야기를 들어보세요. 할머니 방은 어느 것일까요?

(1)

(2)

(3)

1. 다음과 같이 게임을 해 보세요.

〈 다섯 고개 게임 〉

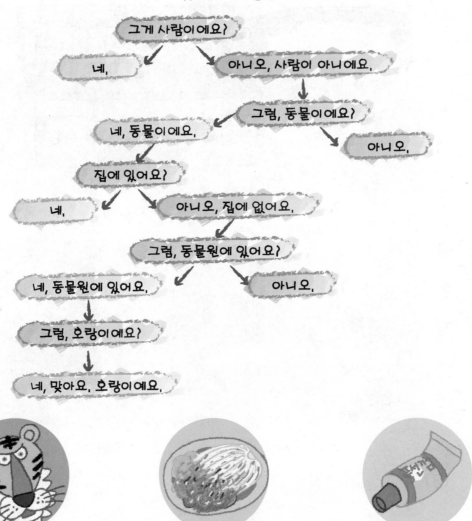

그게 사람이에요?

네,

아니오, 사람이 아니에요.

그럼, 동물이에요?

네, 동물이에요.

아니오,

집에 있어요?

네,

아니오, 집에 없어요.

그럼, 동물원에 있어요?

네, 동물원에 있어요.

아니오,

그럼, 호랑이에요?

네, 맞아요, 호랑이에요.

게임 설명

학생들 중 한 명이 다음 그림 중에서 하나를 골라 생각하고 다른 학생들은 그것이 무엇인지 알아맞히는 게임이다. 다섯 번까지만 질문할 수 있고, '네-아니오'로만 대답해야 한다.

2. 여기는 내 방이에요. 예쁘게 꾸며 보세요.

(자료 177쪽 참조)

〈내 방 꾸미기〉

■ 그림을 보고 질문에 알맞은 대답을 써 보세요.

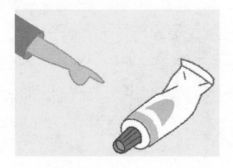

이게 뭐예요?

그건 _____.

그게 뭐예요?

이건 _____.

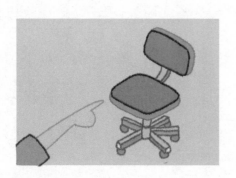

이게 뭐예요?

그건 _____.

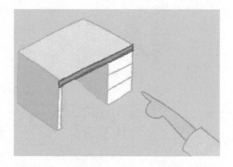

그게 뭐예요?

이건 _____.

인수 : 잘 먹겠습니다.

이모 : 그래, 많이 먹어라.

인수 : 이게 불고기예요?

이모 : 응, 먹어 봐. 아주 맛있어.

1. 인수는 이모에게 뭐라고
   말하는 게 좋을까요?
   ① 잘 먹겠습니다.
   ② 많이 먹어라.
   ③ 안녕하세요?

2. 이게 뭐예요?
   ① 김치
   ② 냉면
   ③ 불고기

냉면 　　　(　　)

갈비 　　　(　　)

(　　) 　　　수정과

| 갈비 | 냉면 | 불고기 | 비빔밥 | 식혜 | 수정과 |

• 먹겠습니다.

1. 먹_____.

2. 자_____.

■ 빈칸에 알맞은 말을 넣어 보세요.

인수 : 잘 먹었어요.

이모 : 더 먹어라.

인수 : 아니요, 많이 먹었어요.

　　　그런데 김치는 너무 매워요.

이모 : 그래? 그럼, 이 식혜를

　　　마셔 봐. 식혜는 아주 달아.

1. 인수는 이모에게 뭐라고 말해요?

　① 많이 먹어라.

　② 잘 먹겠습니다.

　③ 잘 먹었어요.

2. 이 음식은 맛이 어때요?

　　　　　　　　　　　　　• 달아요.

　　　　　　　　　　　　　• 매워요.

인수 : _____.

이모 : 더 먹어라.

인수 : 아니오, 많이 먹었어요.

　　　 그런데 김치는 너무 _____.

이모 : 그래? 그럼, 이 식혜를 마셔 봐.

　　　 식혜는 아주 달아.

■ 위의 이야기에 알맞은 그림을 고르세요.

(　　　)　　　　　(　　　)

(　　　)　　　　　(　　　)

■ 다음 대화를 듣고 무슨 음식을 먹는지 알아맞혀 보세요.

(오징) 자장면

(김치)

(삼계탕)

(냉면)

(갈비찜)

(식혜)

1. 여러분은 한국 음식을 먹어 봤어요? 다른 음식의 이름은 뭐예요?

2. 다음 그림처럼 따라해 보세요.

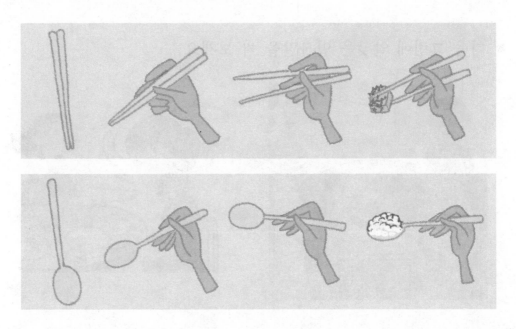

3. 다음 그림에 알맞은 인사를 말해 보세요.

■ 다음 그림에 알맞은 인사말을 써 보세요.

잘 먹겠습니다.   잘 먹었습니다.

안녕히 주무세요.   안녕히 주무셨어요?

5 책을 읽어요

누나 : 인수야, 지금 뭐 하니?

인수 : 책을 읽어요.

누나 : 오늘 오후에 시간 있니?

인수 : 아니요, 두 시에 약속이 있어요.

1. 인수는 지금 뭘 해요?

① 책을 읽어요.　　　　② 숙제를 해요.

③ 텔레비전을 봐요.　　④ 밥을 먹어요.

2. 인수는 몇 시에 약속이 있어요?

① 　　② 　　③

(태권도   )

수영

테니스

(   )

야구

농구

배구

배드민턴

배드민턴   태권도   축구   야구   수영   테니스   배구   농구

- 책을 읽어요.
- 두 시에 약속이 있어요.

1. 누나 : 지금 뭐 하니?

   인수 : 지금 책__ 읽_____.

2. 누나 : 오늘 오후에 시간 있니?

   인수 : 아니요. ___ 시에
   약속이 있어요.

■ 빈칸에 알맞은 말을 넣어 보세요.

지금 뭐 하니?

오늘 오후에 시간 있니?

미영 : 인수야, 오랜만이야. 그동안 잘 지냈니?

인수 : 응, 잘 지냈어. 너는 요즘 뭘 하니?

미영 : 나는 요즘 태권도를 배워.

인수 : 날마다 태권도를 배우니?

미영 : 아니, 일요일에는 안 배워.

1. 미영이는 요즘 뭘 배워요?

① ② ③

2. 미영이는 토요일에도 태권도를 배워요?

미영 : 인수야, 오랜만이야. 그동안 잘 지냈니?

인수 : 응, 잘 지냈어. 너는 요즘 뭘 하니?

미영 : 나는 요즘 _____.

인수 : 날마다 태권도를 배우니?

미영 : 아니, 일요일에는 안 배워.

■ 위의 이야기에 알맞은 그림을 고르세요.

(   )

(   )

(   )

(   )

■ 다음 이야기를 듣고 무엇을 했는지 수첩에 쓰세요.

요 일		계 획
월요일	9 시	학교에 가요.
화요일	8 시	수영을 해요.
수요일	10시	
목요일		편지를 써요.
금요일		텔레비전을 봐요.
토요일	2시	
일요일	2시	

1. 다음은 인수의 수첩이에요.

요 일		계 획
월요일	3시	
화요일	8시	
수요일	10시	
목요일	1시	
금요일	5시	
토요일	12시	
일요일	9시	

(1) 인수는 언제 한국말을 배워요?

(2) 인수는 금요일에 뭘 해요?

(3) 인수는 언제 친구를 만나요?

(4) 인수는 일요일에 백화점에 가요?

(5) 인수는 언제 태권도를 배워요?

2. 여러분은 '3 · 6 · 9' 게임을 알아요? 자, 시작해 볼까요?

*벌칙 : 숫자를 말하면 아래의 여러 벌칙을 받아야 합니다.

1. 노래 부르기	2. 엉덩이로 자신의 이름 쓰기	3. 선생님 심부름 한 가지 하기	4. 한국말로 자기 소개하기	5. 선생님 손에 뽀뽀하기
6. 친구 업어주기	7. 교실 한바퀴 돌기	8. 통과	9. 춤추기	10. 재미있는 얼굴 표정 짓기

게임 설명

　모든 사람이 차례대로 숫자를 센다(1, 2, 3, 4, 5...). 이 때 3, 6, 9가 들어가는 숫자는 절대 말하면 안 되고 대신 박수를 쳐야 한다. 13, 16, 19 등의 숫자에도 3이나 6, 9 등의 숫자가 들어 있으므로 절대 말하면 안 되고 박수를 쳐야 한다. 만일 3, 6, 9 숫자를 말하게 되면 벌칙을 받는다.

■ 하루 계획표를 만들어 보세요.

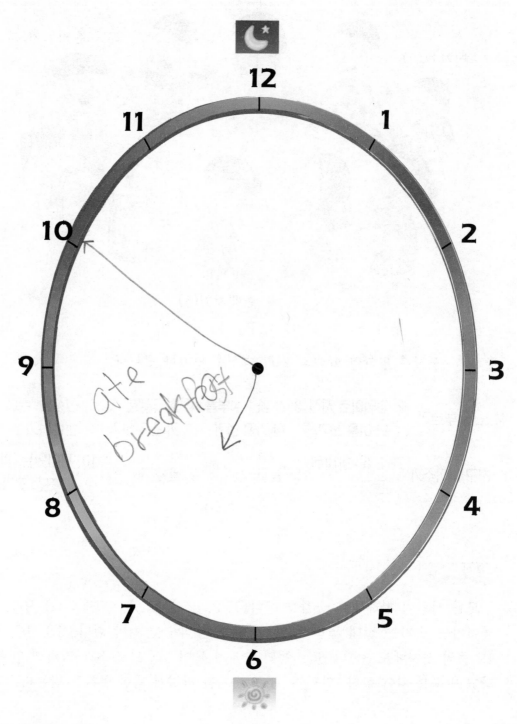

ate breakfast

인수 : 이모, 제 양말하고 바지 어디에 있어요?

이모 : 네 방에 있어.

인수 : 옷장 안에 있어요?

이모 : 아니, 침대 위에 있어.

1. 다음 중 인수가 찾는 것이 아닌 것은 무엇일까요?

① 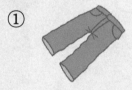 ②  ③

2. 인수의 양말하고 바지는 어디에 있어요? 그려 보세요.

옷장　　　　　　　침대　　　　　　　(　　　　)

의자　　　　　　　(　　　　)　　　　　바지

티셔츠　　　　　　치마　　　　　　　(　　　　)

오른쪽 / 왼쪽　　　(　　　　)　　　　　(　　　　)

양말	바지	티셔츠	치마	옷장	침대	책상	의자	옆
오른쪽	왼쪽	아래	위	앞	뒤			

• 제 양말하고 바지 어디에 있어요?
• 책상 위에 있어.

1. 인수 : 양말____ 바지 어디에
　　　　있어요?
　이모 : 침대 위에 있어.

2. 인수 : 가방은 어디에 있어요?
　이모 : 책상 _____.

■ 빈칸에 알맞은 말을 넣어 보세요.

인수 : 누나, 이 근처에 꽃집이 있어요?

누나 : 응, 우체국 옆에 있어.

인수 : 우체국은 어디에 있어요?

누나 : 우체국은 집 건너편에 있어.

인수 : 네, 고맙습니다.

■ 다음 중 꽃집은 어디일까요?

인수 : 누나, 이 근처에 꽃집이 있어요?

누나 : 응, 우체국 옆에 있어.

인수 : 우체국은 _____?

누나 : 우체국은 집 건너편에 있어.

인수 : 네, 고맙습니다.

■ 위의 이야기에 알맞은 그림을 고르세요.

(   )

(   )

(   )

(   )

■ 다음 대화를 잘 듣고 물건이 어디에 있는지 고르세요.

(1)

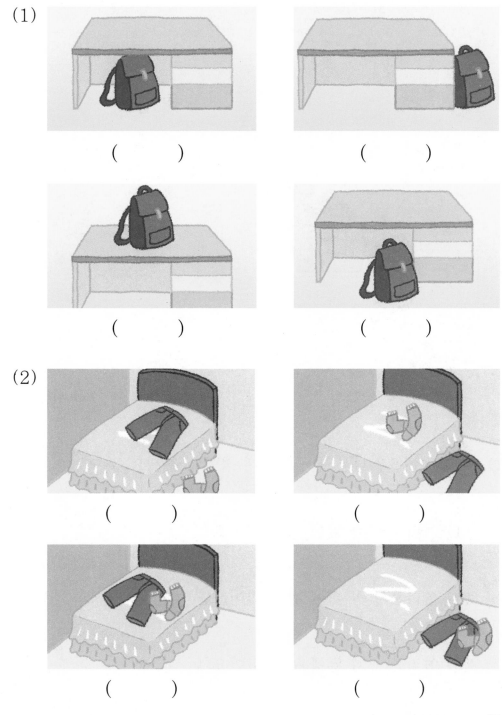

(   )

(   )

(   )

(   )

(2)

(   )

(   )

(   )

(   )

1. 여러분의 집 근처 약도를 그려 보세요.

2. 다 그렸어요? 다른 친구들에게 설명해 주세요.

(1) 여러분의 집 앞에 뭐가 있어요?

(2) 여러분의 집 뒤에 뭐가 있어요?

(3) 여러분의 집 옆에 뭐가 있어요?

3. 숨은 그림 찾기를 해 보세요.

숨은 그림 : 가방, 바지, 양말, 모자, 연필, 칫솔

■ 여러분이 그린 집 근처 약도를 보면서 다음 질문에 대한 답을 써
  보세요.

  (1) 집 앞에 뭐가 있어요?

   ▶ _____

  (2) 집 뒤에 뭐가 있어요?

   ▶ _____

  (3) 집 옆에 뭐가 있어요?

   ▶ _____

  (4) 집 왼쪽에 뭐가 있어요?

   ▶ _____

7 오른쪽으로 돌아가세요

인　수 : 실례지만 완구점은 어디에 있어요?

여학생 : 저 학교에서 오른쪽으로 돌아가세요.

인　수 : 저 학교에서 완구점까지 얼마나 걸려요?

여학생 : 오 분쯤 걸려요.

1. 완구점은 어느 쪽으로 가요?

_____

2. 학교에서 완구점까지 얼마나 걸려요?

　　① 3분　　　　　② 5분　　　　　③ 10분

( )

백화점

슈퍼마켓

( )

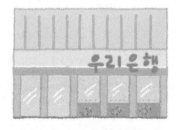

은행

( )

꽃집

시장

은행   우체국   슈퍼마켓   시장   완구점   백화점   꽃집   학교

• 오른쪽으로 돌아가세요.
• 학교에서 완구점까지 얼마나 걸려요?

1. 인 수 : 완구점은 어디 있어요?
   여학생 : 저 학교에서 오른쪽_____
            돌아가세요.

2. 이모 : 저 학교_____ 완구점_____
         얼마나 걸려요?
   인수 : 오 분쯤 걸려요.

■ 빈칸에 알맞은 말을 넣어 보세요.

우체국이 어디 있어요?

저 병원에서_____
돌아가세요.

저 병원_____ 우체국_____
얼마나 걸려요?

10분쯤 걸려요.

인수 : 이모, 다녀왔습니다.

이모 : 그래, 어디 갔다 왔니?

인수 : 완구점하고 꽃집에 갔다 왔어요.

이모 : 그래? 뭘 샀니?

인수 : 인형하고 장미꽃을 샀어요.

1. 다음 중 인수가 간 곳에
   ○표 해 보세요.

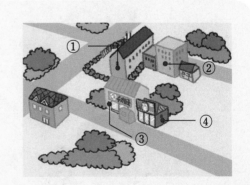

2. 인수는 뭘 샀어요?

① 　　　② 　　　③

인수 : 이모, 다녀왔습니다.

이모 : 그래, 어디 갔다 왔니?

인수 : 완구점_____ 꽃집에 갔다 왔어요.

이모 : 그래? 뭘 샀니?

인수 : 인형하고 장미꽃을 _____.

■ 위의 이야기에 알맞은 그림을 고르세요.

(   )   (   )

(   )   (   )

■ 선생님 집은 어디에 있어요? 잘 듣고 찾아보세요.

1. 여러분은 지난 생일에 무엇을 했어요?

(1) 어디에 갔었어요?

_____

(2) 누구하고 있었어요?

_____

(3) 무엇을 먹었어요?

_____

(4) 무슨 선물을 받았어요?

_____

2. 인수는 미영을 만나려고 해요. 어떻게 가야 해요?

〈미로 찾기 게임〉

■ 여러분은 어제 뭐 했어요? 일기를 써 보세요.

년 월 일 날씨

잠실역으로 가 주세요

택시기사 : 어디로 갈까요?

인　　수 : 잠실역으로 가 주세요.

택시기사 : 친구 만나러 가요?

인　　수 : 네, 오늘이 친구 생일이에요.

1. 인수는 잠실역에 가려고 해요. 어떻게 말해야 해요?

_____

2. 인수는 누구를 만나러 가요?

_____

육교

( )

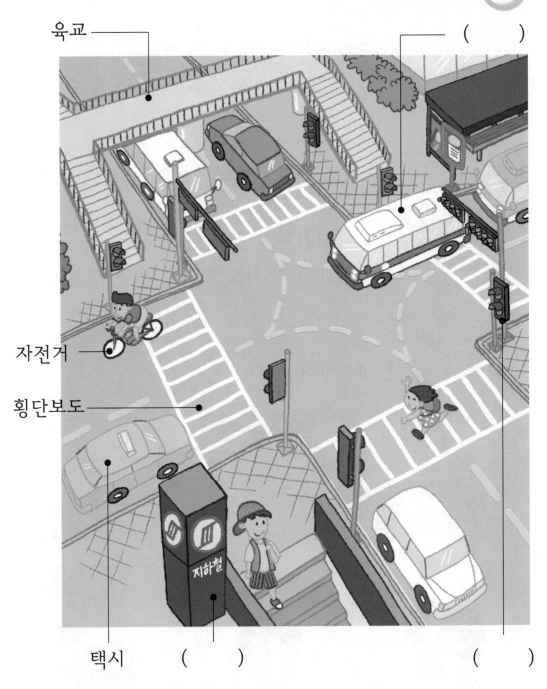

자전거

횡단보도

택시　　　( )　　　　　　　　　　( )

횡단보도　　육교　　신호등　　택시　　버스　　지하철　　자전거

> • 잠실역으로 가 주세요.
> • 친구 만나러 가요.

1. 택시기사 : 어디로 _____?

   인　　수 : 잠실역으로 _____.

2. 택시기사 : 친구 만나___ 가요?

   인　　수 : 네, 오늘이 친구 생일이에요.

■ 빈칸에 알맞은 말을 넣어 보세요.

> 잠실역_____.

> 어디로 _____?

> 인수야, 어디 가니?

> 선물_____ 가요.

택시기사 : 다 왔어요. 어디에 세워 드릴까요?

인　　수 : 저 횡단보도 앞에 세워 주세요.

택시기사 : 네, 알겠습니다. 2,500원이에요.

인　　수 : 여기 있어요.

택시기사 : 네, 감사합니다. 안녕히 가세요.

1. 인수는 뭐라고 말해요?
    ① 안녕히 계세요.
    ② 알겠습니다.
    ③ 횡단보도 앞에 세워 주세요.

2. 인수는 뭐라고 말해요?
    ① 여기 있어요.
    ② 죄송해요.
    ③ 안녕하세요?

택시기사 : 다 왔어요. 어디에 세워 드릴까요?

인　　수 : 저 횡단보도 앞에 <u>세워 주세요</u>.

택시기사 : 네, 알겠습니다. 2,500원이에요.

인　　수 : <u>감삼니다</u>.

택시기사 : 네, 감사합니다. 안녕히 가세요.

■ 위의 이야기에 알맞은 그림을 고르세요.

( )　　　　　　　　( )

( )　　　　　　　　( )

1. 인수는 뭘 사러 가요? 잘 듣고 맞는 물건에 ○표 하세요.

2. 인수는 어디에서 내렸어요? 택시를 그려 보세요. 그리고 택시 요금은 얼마예요?

1. 친구와 언제 무엇을 할지 계획을 세워 보세요.

언 제	무 엇 을
오늘 저녁	
토요일 밤	
일요일 아침	
휴가 / 방학	

보기

A : <u>오늘 저녁</u>에 <u>야구 경기 보러</u> 갈까?

B : 응, 좋아.

(1) A : _____에 _____ 갈까?

B : 미안해. 오늘은 시간이 없어.

(2) A : 그럼, _____에 _____ 갈까?

B : 응, 좋아.

2. 친구들과 택시 놀이를 해 보세요.

택시기사 : 어디로 갈까요?
손　　님 : 잠실역으로 가 주세요.
택시기사 : 네, 알겠습니다.

- -

택시기사 : 손님, 다 왔어요. 2,300원이에요.
손　　님 : 여기 있어요.
택시기사 : 감사합니다. 안녕히 가세요.
손　　님 : 네, 안녕히 계세요.

손님	손님	손님	손님	손님	손님
동대문 시장	경복궁	한국학교	민속촌	인천공항	롯데월드
2,500원	6,700원	8,100원	9,000원	13,500원	4,300원

놀이 설명

　한 사람씩 택시 기사와 손님이 된 후 위의 카드 중에서 하나를 골라 카드에 적혀 있는 장소에 간 후에 요금을 지불한다.

■ 여러분은 학교에 어떻게 와요?

9 지하철을 탈 거예요

누나 : 인수야, 내일 뭐 할 거니?

인수 : 명동에 구경하러 갈 거예요.

누나 : 그래! 버스를 탈 거니?

인수 : 아니요, 지하철을 탈 거예요.

1. 인수는 내일 어디에 갈 거예요?

  ① 서울역   ② 남산   ③ 명동

2. 인수는 내일 어떻게 명동에 갈 거예요?

  ①    ②    ③

1호선 5호선

2호선 6호선

3호선 7호선

4호선  갈아타는 곳

(   )

(   )

갈아타요

지하철역

지하철역   갈아타요   내려요   타요

- 버스를 탈 거니?
- 지하철을 탈 거예요.

1. 누나 : 인수야, 내일 뭐 할 거니?
   인수 : 명동에 구경하러 _____.

2. 누나 : 그래? 버스를 _____?
   인수 : 아니요, 지하철을 탈 거예요.

■ 빈칸에 알맞은 말을 넣어 보세요.

인　수 : 아저씨, 명동역은 몇 호선에 있어요?

아저씨 : 4호선에 있어요.

인　수 : 그럼, 여기에서 어떻게 가요?

아저씨 : 여기에서 충무로역까지 3호선을 타세요.

　　　　그리고 충무로역에서 4호선으로 갈아타세요.

인　수 : 네, 고맙습니다.

1. 명동역은 몇 호선에 있어요?

　① 1호선　　　　　② 3호선　　　　　③ 4호선

2. 인수는 어디에서 몇 호선으로 갈아타야 해요?

① 충무로　　　② 시청　　　③ 동대문

인　수 : 아저씨, 명동역은 몇 호선에 있어요?

아저씨 : 4호선에 있어요.

인　수 : 그럼, 여기에서 ＿＿＿＿＿＿＿＿＿＿?

아저씨 : 여기에서 충무로역까지 3호선을 타세요.

　　　　 그리고 충무로역에서 4호선으로 ＿＿＿＿＿＿.

인　수 : 네, 고맙습니다.

■ 인수는 명동역에 어떻게 가요?

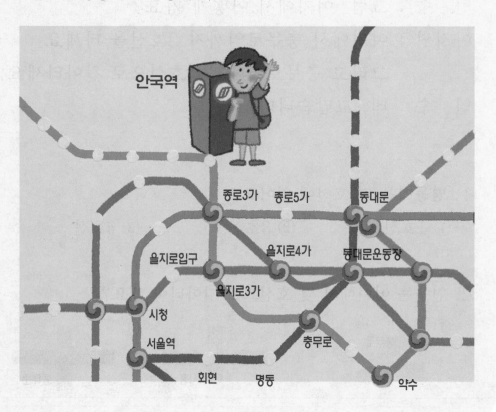

1. 다음은 무슨 역이에요? 어느 쪽으로 내려요?

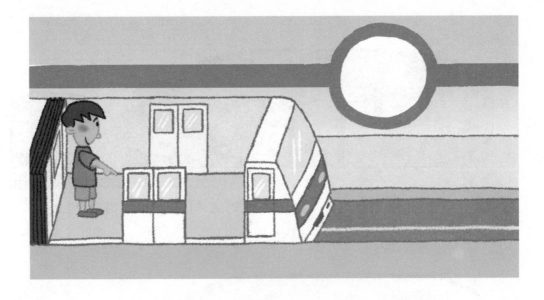

2. 다음은 무슨 역이에요? 어느 쪽으로 내려요?

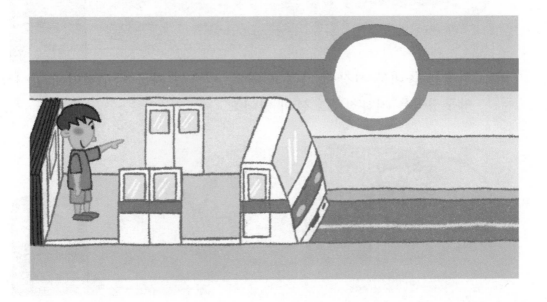

■ 인수가 어떻게 가면 되는지 설명해 보세요.

(자료 179쪽 참조)

1. 인수는 지금 명동역에 있어요. 그리고 덕수궁에 가려고 해요.
   덕수궁은 시청역에서 내리면 돼요.

2. 인수는 동대문 시장에 가려고 해요. 인수는 지금 압구정역에 있어요.
   압구정역은 지하철 3호선에 있어요.

3. 인수는 지금 종로3가역에 있어요. 그리고 롯데월드에 가려고 해요.
   롯데월드는 잠실역에 있어요. 잠실역은 지하철 2호선에 있어요.

■ 다음 역은 몇 호선이에요? 색칠해 보세요.

(자료 179쪽 참조)

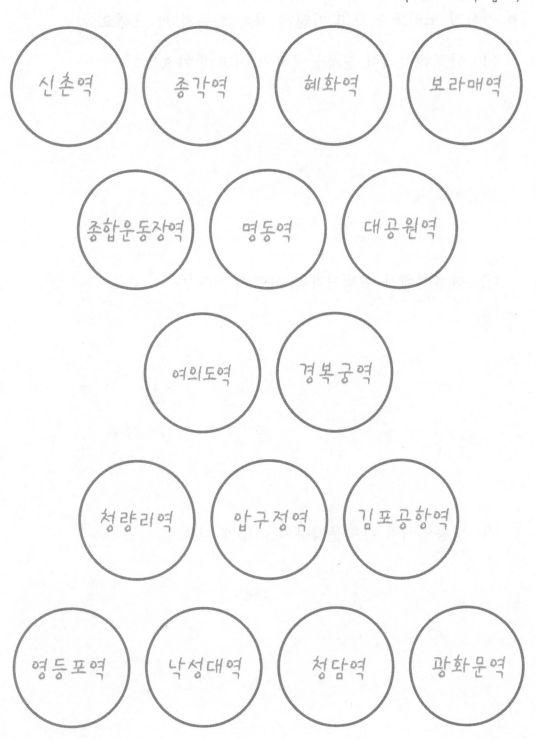

■ 지하철 노선도를 보고 어떻게 가야 하는지 써 보세요.

(1) 낙성대역에서 경복궁역까지 어떻게 가요?

_____

_____

_____

(2) 잠실역에서 수색역까지 어떻게 가요?

_____

_____

_____

(3) 명동역에서 광화문역까지 어떻게 가요?

_____

_____

_____

10 몇 번 버스를 타야 돼요?

인수 : 아저씨, 이 버스 시청에 가요?

기사 : 아니요, 안 가요.

인수 : 그럼, 몇 번 버스 타야 돼요?

기사 : 8번 버스를 타세요.

1. 인수는 시청에 가려고 해요. 버스 기사 아저씨에게 뭐
   라고 말해요?

   ① 아저씨, 시청이 어디예요?

   ② 아저씨, 시청이 뭐예요?

   ③ 아저씨, 이 버스 시청에 가요?

2. 시청에 가려고 해요. 인수는 몇 번 버스 타야 돼요?

①  ②  ③

(   )

좌석버스

(   )

고속버스

공항버스

마을버스

고속버스   마을버스   좌석버스   버스 정류장   공항버스   일반버스

• 몇 번 버스 타야 돼요?

1. 인수 : 몇 번 버스 타_____?
   기사 : 8번 버스를 타세요.

2. 인수 : 시청은 어디로 가_____?
   기사 : 저쪽으로 가야 돼요.

■ 빈칸에 알맞은 말을 넣어 보세요.

인　수 : 할머니, 여기 앉으세요.

할머니 : 괜찮아. 곧 내려.

인　수 : 저도 곧 내려요. 앉으세요.

할머니 : 그래, 고마워. 그런데 너는 어디에서 내리니?

인　수 : 저는 남대문에서 내려요.

1. 인수는 뭐라고 말해야 해요?

　① 할머니, 여기 앉으세요.

　② 할머니, 안녕하세요?

　③ 할머니, 어디에서 내리세요?

2. 인수는 어디에서 내려요?

인　수 : 할머니, 여기 _____.

할머니 : 괜찮아. 곧 내려.

인　수 : 저도 곧 내려요. 앉으세요.

할머니 : 그래, 고마워. 그런데 너는 어디에서 내리니?

인　수 : 저는 남대문에서 _____.

■ 위의 이야기에 알맞은 그림을 고르세요.

(　　)

(　　)

(　　)

(　　)

1. 인수는 몇 번 버스를 타야 돼요? 잘 들어 보세요.

2. 인수는 어디에서 내려요? 잘 들어 보세요.

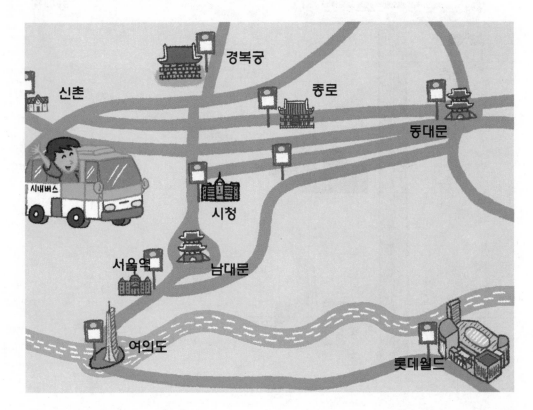

■ 다음 정류장 표지판을 보고 몇 번 버스가 어디에 가는지 연결해
보세요.

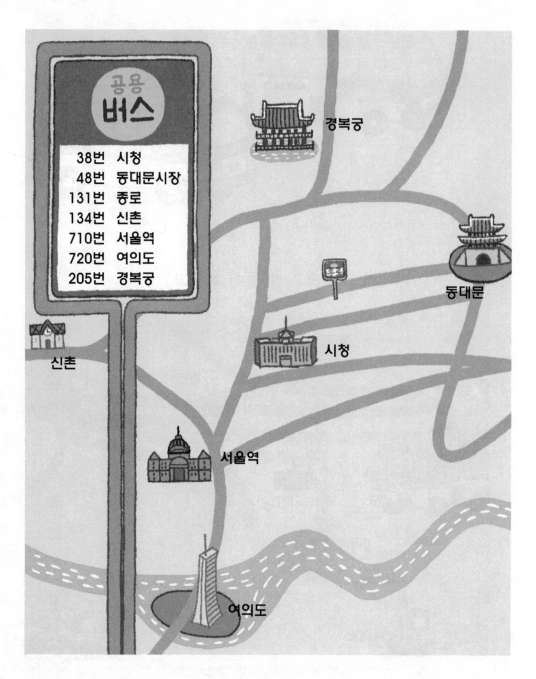

■ 여러분은 어디에 가요? 몇 번 버스를 타야 하는지 친구들과 이야기해 보세요.

종로	여의도
경복궁	신촌
시청	동대문 시장
서울역	압구정동

■ 무슨 그림일까요?

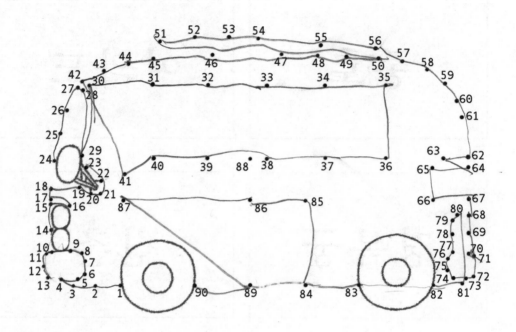

다 그렸어요? 여러분은 이 버스를 타고 어디로 가고 싶으세요? 써 보세요.

나는 하와이를 가고 싶어요.

안에서 전화기
차 안내 놀고 싶어요. 나 는 저나가

하
랑 규 임 해 고 싶 어 요. 나 는

에
재 많 는 거 버스 안 늘 할 까에요.

11 저는 물냉면을 먹을래요

누 　 나 : 인수야, 뭐 먹을래?

인 　 수 : 저는 물냉면을 먹을래요.

누 　 나 : 아주머니!

아주머니 : 네, 뭐 드시겠어요?

누 　 나 : 돌솥 비빔밥 하나하고 물냉면 하나 주세요.

1. 인수는 뭐라고 말해요?

　① 저는 물냉면을 먹을래요.

　② 저는 미국에서 왔어요.

　③ 얼마예요?

2. 누나는 뭘 먹을 거예요?

　① 물냉면

　② 비빔냉면

　③ 돌솥 비빔밥

시원해요　뜨거워요　달아요　매워요　차가워요　시어요　짜요　따뜻해요

• 뭐 먹을래?

• 물냉면을 먹을래요.

1. 누나 : 인수야, 뭐 _____?

　　인수 : 저는 물냉면을 먹을래요.

2. 누나 : 인수야, 뭐 먹을래?

　　인수 : 저는 비빔밥 _____.

■ 빈칸에 알맞은 말을 넣어 보세요.

인　수 : 냉면이 아주 시원해요. 돌솥 비빔밥은 어때요?

누　나 : 맛있어. 그런데 좀 뜨거워.

　　　　아저씨, 물 좀 더 주세요.

아저씨 : 네, 알겠습니다.

인　수 : 그리고 깍두기도 좀 더 주시겠어요?

아저씨 : 네, 잠깐만 기다리세요.

1. 맞는 것끼리 이어 보세요.

 ·

· 뜨거워요

 ·

· 시원해요

2. 인수의 컵에 물이 없어요. 아저씨에게 어떻게 말해야 돼요?

　① 아저씨, 이게 뭐예요?　　② 아저씨, 안녕하세요?

　③ 아저씨, 물 좀 주세요.　　④ 아저씨, 어디에 있어요?

인　수 : 냉면이 아주 시원해요. 돌솥 비빔밥은 어때요?

누　나 : 맛있어. 그런데 좀 뜨거워.

　　　　아저씨, ＿＿＿＿＿＿＿＿＿＿.

아저씨 : 네, 알겠습니다.

인　수 : 그리고 깍두기도 좀 더 ＿＿＿＿＿＿＿＿?

아저씨 : 네, 잠깐만 기다리세요.

■ 위의 이야기에 알맞은 그림을 고르세요.

(　　　)

(　　　)

(　　　)

(　　　)

■ 인수는 뭘 주문했어요? 잘 들어 보세요.

■ 여러분은 어떤 음식을 먹고 싶어요? 서로 음식을 주문해 보세요.

비빔밥	3,500원
라면	1,200원
불고기(1인분)	7,000원
떡볶이(1인분)	2,000원
갈비(1인분)	10,000원
김밥	2,500원
냉면	5,000원
자장면	3,000원
삼계탕	7,500원
탕수육	12,000원

■ 여기는 패스트푸드 가게예요. 여러분은 뭘 먹고 싶어요? 주문하고 계산도 해 보세요. *(자료 181쪽 참조)*

햄버거	피자 1조각	스파게티	치킨 1조각	콜라 1병	주스 1잔
1,500원	2,000원	3,000원	1,800원	900원	1,200원

1. 햄버거 2, 콜라 2

2. 햄버거 1, 피자 1조각, 콜라 2

3. 스파게티 2, 콜라 1, 주스 1

4. 피자 1조각, 치킨 1조각, 콜라 2, 주스 1

■ 다음 대화에 맞는 문장을 써 보세요.

1. 누나 : 인수야, 무 먹지가 _____?

   인수 : 저는 물냉면을 먹을래요.

2. 아주머니 : _____?

   누   나 : 돌솥 비빔밥 하나하고 물냉면 하나 주세요.

3. 아저씨 : 뭐 드시겠어요?

   인 수 : _____.

주인 : 어서 오세요.

인수 : 이 아이스크림 한 개에 얼마예요?

주인 : 700원이에요. 몇 개 드릴까요?

인수 : 음, 할머니, 이모, 이모부, 누나… 그리고 나는
　　　두 개, 모두 여섯 개 주세요.

1. 인수는 뭐라고 말해요?

　　① 안녕하세요?

　　② 한 개에 얼마예요?

　　③ 몇 개 드릴까요?

2. 인수는 아이스크림을 모두 몇 개 샀어요? 색칠해 보세요.

(아이스크림

과자

콜라

(휴지)

우산

요구르트

(계란)

사탕

계란(달걀) 콜라 과자 사탕 요구르트 우산 아이스크림 휴지

• 한 개에 얼마예요?

1. 인수 : 이 아이스크림 한 개___
   얼마예요?
   주인 : 700원이에요. 몇 개
   드릴까요?

2. 인수 : 이 사과 얼마예요?
   주인 : 세 개___ 2,000원
   이에요.

■ 빈칸에 알맞은 말을 넣어 보세요.

이 사과 얼마예요?

___ 2,000원이에요.

이 아이스크림 한 개___ 얼마예요?

700원이에요.

인수 : 콜라는 어디에 있어요?

주인 : 콜라는 저 냉장고에 있어요.

인수 : 한 병에 얼마예요?

주인 : 한 병에 600원이에요.

인수 : 그럼, 아이스크림 여섯 개하고 콜라 두 병 주세요.

주인 : 여기 있어요. 모두 5,400원이에요.

1. 콜라 한 병에 얼마예요?

   ① 400원   ② 500원   ③ 600원

 2. 다음에서 인수는 가게에서 뭘 샀어요?

①    ②    ③

인수 : 콜라는 어디에 있어요?

주인 : 콜라는 저 냉장고에 있어요.

인수 : 한 병에 _____?

주인 : 한 병에 600원이에요.

인수 : 그럼, 아이스크림 여섯 ___하고 콜라 두 ___ 주세요.

주인 : 여기 있어요. 모두 5,400원이에요.

■ 위의 이야기에 알맞은 그림을 고르세요.

(   )

(   )

(   )

(   )

■ 다음 이야기를 듣고 각 물건이 얼마인지 쓰세요.

(   )원   (   )원

(   )원   (   )원

1. 맞는 것끼리 줄로 이으세요. 그리고 이야기해 보세요.

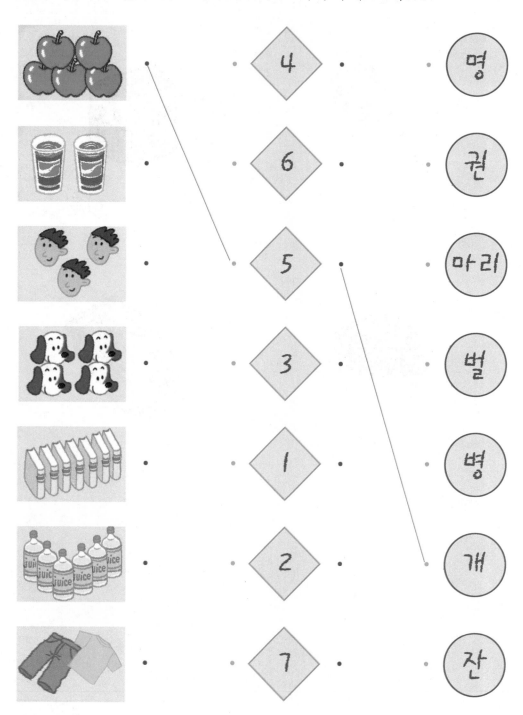

2. 여기는 가게예요. 물건 사는 연습을 해 보세요.

_____ 원   _____ 원   _____ 원

_____ 원   _____ 원   _____ 원

물건	얼마예요?
지우개	200원
우유	500원
장미꽃	1,000원
햄버거	1,300원
콜라	900원
축구공	10,000원

■ 어디에서 뭘 해요? 써 보세요.

가게에서 빵을 5개 사요.

식당에서 햄버거 3개를 먹어요.

학교에서 우유 2병을 마셔요.

옷가게에서 바지 1벌을 입어요.

집에서 책 7권을 읽어요.

꽃가게에서 장미꽃 1송이를 사요.

파란색이 더 좋아

미영 : 인수야, 넌 뭐 살 거니?

인수 : 난 지우개를 살 거야.

미영 : 이 노란색 지우개가 예쁘지 않니?

인수 : 난 파란색이 더 좋아.

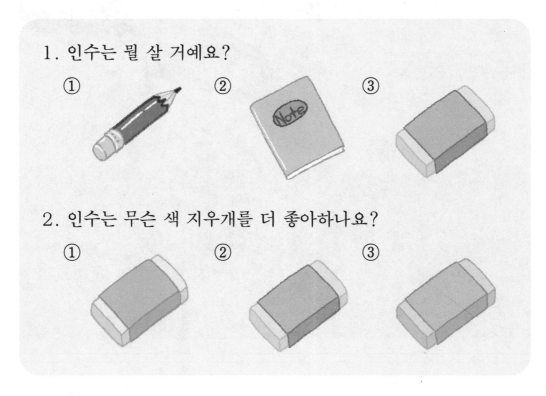

1. 인수는 뭘 살 거예요?

   ①　　　　　②　　　　　③

2. 인수는 무슨 색 지우개를 더 좋아하나요?

   ①　　　　　②　　　　　③

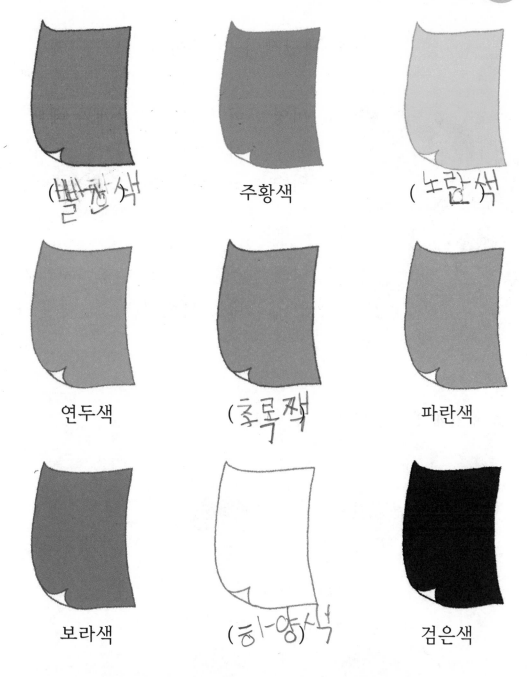

(빨간색)

주황색

(노란색)

연두색

(초록색)

파란색

보라색

(하양)색

검은색

| 주황색 | 빨간색 | 노란색 | 초록색 | 연두색 | 보라색 | 검은색 |
| 파란색 | 흰색 |

• 난 파란색이 더 좋아

1. 미영 : 이 노란색 지우개가 예쁘지 않니?

   인수 : 난 파란색이 _____ 좋아.

2. 미영 : 분홍색 도화지 좋아하니?

   인수 : 나는 파란색 _____가 좋아.

■ 빈칸에 알맞은 말을 넣어 보세요.

인수 : 도화지도 있어요?

주인 : 그럼. 여러 가지 색깔이 있어.

인수 : 무슨 색이 있어요?

주인 : 노란색, 분홍색, 하늘색이 있어.

인수 : 다른 색은 없어요?

주인 : 연두색도 있어.

1. 인수는 뭘 사려고 해요?

①   ②  ③

2. 이 문구점에는 무슨 색 도화지가 있어요? 색칠해 보세요.

인수 : 도화지도 있어요?

주인 : 그럼. 여러 가지 색깔이 있어.

인수 : _____이 있어요?

주인 : 노란색, 분홍색, 하늘색이 있어.

인수 : 다른 색은 없어요?

주인 : 연두색도 있어.

■ 위의 이야기에 알맞은 그림을 고르세요.

(   )

(   )

(   )

(   )

■ 다음 대화를 듣고 옷에 맞는 색을 칠해 보세요.

■ 다음처럼 색을 칠해 보세요. 무슨 색이 돼요?

1. 빨간색과 노란색을 섞으면 무슨 색이 돼요?

2. 노란색과 파란색을 섞으면 무슨 색이 돼요?

3. 보라색은 무슨 색과 무슨 색을 섞어요?

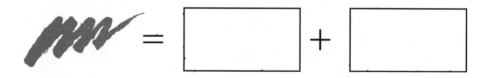

4. 회색은 무슨 색과 무슨 색을 섞어요?

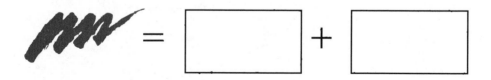

■ 색종이로 종이접기를 해 봐요. 여러분은 어요?

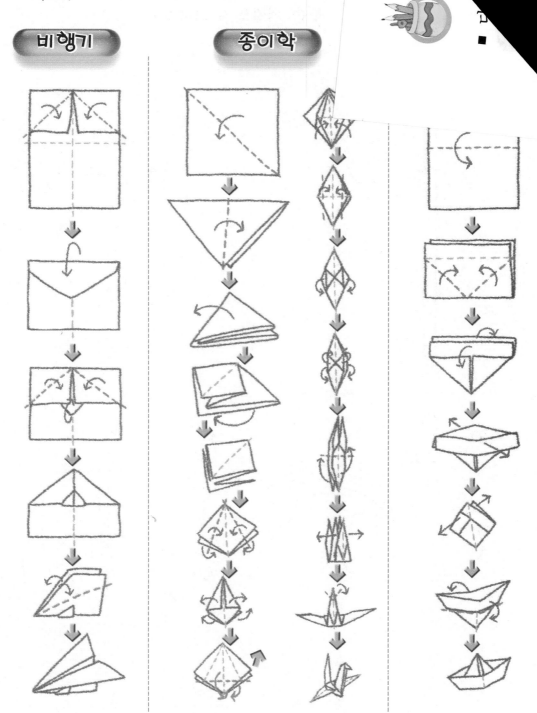

비행기 종이학

다음 그림을 색칠하고 무슨 색깔인지 쓰세요.

(1)

(2)

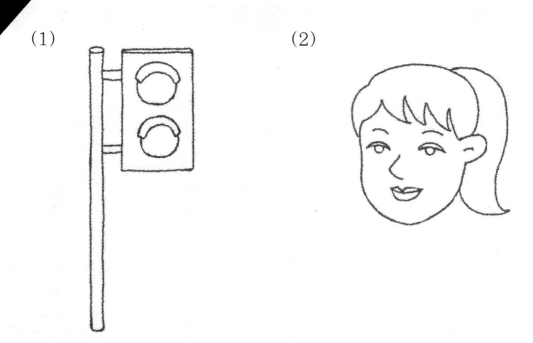

(3)

(4)

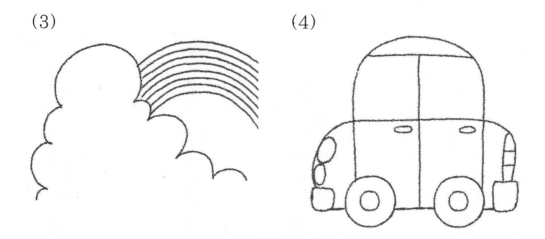

인수 : 누나, 오늘 뭐 할 거예요?

누나 : 친구하고 동대문 시장에 가기로 했어.

인수 : 나도 가고 싶어요.

누나 : 그래! 그럼, 같이 가자.

1. 누나는 오늘 어디에 가기로 했어요?

　① 동대문 시장　　② 동대문 운동장　　③ 남대문 시장

2. 인수는 오늘 뭐 할 거예요?

　①　　　　　　　　②　　　　　　　　③

사과

소
수

(수박)
수

바나나

포도

딸기

개

(고양이)

거북이

앵무새

금붕어

바나나	사과	수박	포도	딸기	금붕어	개	거북이
고양이	앵무새						

• 동대문 시장에 가기로 했어.
• 나도 가고 싶어요.

1. 인수 : 어디에 갈 거예요?
   누나 : 동대문 시장에
   가 _기로_ 했어.

2. 누나 : 친구하고 동대문 시장에
   가기로 했어.
   인수 : 나도 가고 싶어요.

■ 빈칸에 알맞은 말을 넣어 보세요.

누나, 어디
갈 거예요?

친구하고 영화 가기로 했어

누나,
배 고파요?

응, 맛있는 거
먹 싶어요

주인 : 어서 오세요. 뭘 찾으세요?

누나 : 티셔츠 있어요?

주인 : 그럼요. 칫수가 어떻게
　　　되세요?

누나 : 95예요.

주인 : 이 티셔츠 어때요?

누나 : 다른 색은 없어요?

주인 : 흰색도 있어요.

누나 : 그럼, 흰색을 보여 주세요.

1. 가게 주인이 뭐라고 했어요?

　① 뭘 찾으세요?

　② 안녕히 가세요.

　③ 안녕히 계세요.

2. 누나는 무슨 색 티셔츠를 보고 싶어해요?

　①　　　　　　　②　　　　　　　③

주인 : 어서 오세요. _____?

누나 : 티셔츠 있어요?

주인 : 그럼요. 칫수가 어떻게 되세요?

누나 : 95예요.

주인 : 이 티셔츠 어때요?

누나 : 다른 색은 없어요?

주인 : 흰색도 있어요.

누나 : 그럼, 흰색을 _____.

■ 위의 이야기에 알맞은 그림을 고르세요.

(   )   (   )

(   )   (   )

■ 이야기를 잘 듣고 누가 뭘 하려고 하는지 맞는 그림을 연결하세요.

1. 여기는 시장이에요. 친구들과 같이 시장놀이를 해 보세요.

2. 여러분은 방학 동안 뭘 하기로 했어요? 하고 싶은 일을 써 보세요.

■ 방학 동안 다른 친구들은 뭘 하기로 했어요?

친구 이름	뭘 하기로 했어요?
김 인 수	서울에 가기로 했어요.

누나 : 인수야, 뭐 먹을래?

인수 : 전 치즈버거 먹을래요.

누나 : 치즈버거보다 불고기버거가 더 맛있어. 한번 먹어 봐.

인수 : 그래요? 그럼, 불고기버거 먹을게요.

1. 인수는 뭐라고 할까요?

　① 배가 고파요.

　② 한번 먹어 봐.

　③ 치즈버거 먹을래요.

2. 인수는 뭘 먹기로 했어요?

　① 치즈버거

　② 불고기버거

　③ 치킨버거

햄버거

(팥빙수)

ㅍ ㅂ

(감자튀김)

ㅌㅣ

피자

(스파게티)

ㅗ ㅐ

치킨

햄버거　　스파게티　　팥빙수　　치킨　　감자 튀김　　피자

• 치즈버거보다 불고기버거가 더 맛있어.

1. 인수 : 전 치즈버거 먹을래요.
   누나 : 치즈버거____ 불고기버거가
      더 맛있어. 한번 먹어 봐.

2. 누나 : 인수야, 너 고양이 좋아하니?
   인수 : 전 고양이____ 강아지를 더
      좋아해요.

■ 빈칸에 알맞은 말을 넣어 보세요.

이 모자 어떠니?

전 노란색____
하늘색을 더 좋아해요.

인수야, 햄버거 먹을래?

햄버거____
불고기가 더 맛있어요.

점원 : 어서 오세요. 주문하시겠어요?

누나 : 불고기버거 세트 두 개하고 팥빙수 하나 주세요.

점원 : 여기서 드시겠어요?

누나 : 네, 여기서 먹을 거예요.

점원 : 10,000원 받았습니다. 잠시만 기다려 주세요.

1. 인수는 뭐라고 말해요?

　① 어서 오세요.

　② 햄버거 하나 주세요.

　③ 배가 고파요.

2. 누나와 인수는 어디에서 불고기버거를 먹을 거예요?

　① 　　② 　　③

점원 : 어서 오세요. 주문하시겠어요?

누나 : 불고기버거 세트 두 개하고 팥빙수 하나 _____.

점원 : _____ 드시겠어요?

누나 : 네, 여기서 먹을 거예요.

점원 : 10,000원 받았습니다. 잠시만 기다려 주세요.

■ 위의 이야기에 알맞은 그림을 고르세요.

(   )

(   )

(   )

(   )

■ 다음 이야기를 잘 듣고 어느 나라 사람인지 골라 보세요.

(　　　　)　　　　(　　　　)

(　　　　)　　　　(　　　　)

(　　　　)　　　　(　　　　)

1. 여러분 나라에서도 이런 모습을 볼 수 있어요? 볼 수 있으면 ○표, 볼 수 없으면 ✕표를 하고, 한국에서는 어떤지 같이 이야기해 보세요.

어른에게 자리를 양보해요.

(   )

다른 사람의 가방을 들어줘요.

(   )

고개 숙여 인사해요.

(   )

어른 앞에 앉을 때는 무릎을 꿇어요.

(   )

2. 각 나라의 전통옷은 어떤 것일까요? 사다리 타기 게임을 해 보세요.

■ 한국과 여러분 나라는 뭐가 달라요?

보기

어른에게 고개 숙여 인사해요.

(1) 여러분이 사는 나라에서는 어떻게 해요?

_____

_____

_____

(2) 한국에서는 어떻게 해요?

_____

_____

_____

부 록

■ 듣기 지문   **162**

■ 문법 설명   **166**

■ 단어 색인   **172**

■ 활용 자료   **175**

1 안녕하세요?

1. A : 안녕하세요?
   B : (네, 안녕하세요?)
2. A : 이름이 뭐예요?
   B : (저는 김인수예요.)
3. A : 미국 사람이에요?
   B : (아니요), 저는 미국 사람이
   아니에요.
4. A : 만나서 반갑습니다.
   B : 네, (만나서 반갑습니다.)
5. A : (미안합니다.)
   B : 괜찮아요.
6. A : (안녕히 가세요.)
   B : 안녕히 계세요.

2 이 사람은 누구예요?

1. 안녕하세요?
   저는 가수예요.
2. 이 사람은 야구 선수예요.
3. 그 사람은 학생이에요.
4. 안녕하세요?
   이 분은 제 이모예요.
   이모는 선생님이에요.
5. 아버지는 회사원이에요.

6. 안녕하세요?
   이 사람은 의사예요.

3 이게 뭐예요?

이 방은 할머니 방이에요. 할머니 방에는 침대가 없어요. 대신 이불이 있어요. 할머니 방에는 소파가 없어요. 그러나 방석이 있어요. 할머니 방에는 책상이 있어요. 그렇지만 의자가 없어요.
할머니 방은 재미있어요.

4 잘 먹겠습니다

1. A : 많이 먹어라.
   B : 네, 좀 맛있어요. 이게 뭐예요?
   A : 그건 갈비야.
2. A : 이건 뭐예요?
   B : 그건 김치야.
   A : 맛있어요?
   B : 응, 맛있어, 그렇지만 아주 매워.
3. A : 냉면이 맛있니?
   B : 네, 아주 맛있어요. 그리고

시원해요.

4. A : 이게 뭐예요?

　　B : 그건 식혜야.

　　A : 아주 달아요. 그리고 맛있어요.

5. A : 이게 뭐예요?

　　B : 이건 삼계탕이야.

　　A : 아주 맛있어요.

6. A : 자장면 맛있니?

　　B : 네, 아주 맛있어요.

⑤ 책을 읽어요

　인수는 월요일 아홉시에 학교에 가요. 화요일에는 수영을 해요.
그리고 수요일에는 한국말을 배워요. 목요일 한 시에는 편지를 써요. 그리고 금요일 다섯 시에는 텔레비전을 봐요. 주말에는 태권도를 배워요.

⑥ 바지가 어디에 있어요?

1. 인수 : 이모, 제 가방이 어디에 있어요?

　　이모 : 네 가방은 책상 옆에 있어.

2. 인수 : 이모, 제 바지가 어디에 있어요?

　　이모 : 네 바지는 침대 위에 있어.

　　인수 : 그럼, 양말은 어디에 있어요?

　　이모 : 양말은 침대 아래에 있어.

⑦ 오른쪽으로 돌아가세요.

미영 : 인수야, 선생님 집이 어디에 있어?

인수 : 선생님 집은 저 슈퍼마켓에서 오른쪽으로 돌아가.
그럼, 왼쪽에 서점이 있어.

미영 : 그럼, 서점 옆에 선생님 집이 있어?

인수 : 아니, 서점 뒤에 선생님 집이 있어.

⑧ 잠실역으로 가 주세요

1. 택시기사 : 어디로 갈까요?

　　인　　수 : 동대문 시장으로 가 주세요.

　　택시기사 : 옷을 사러 가요?

　　인　　수 : 네, 옷하고 모자를 사러 가요.

2. 택시기사 : 다 왔어요. 어디에 세워 드릴까요?

　　인　　수 : 저 횡단보도 앞에 세워 주세요.

　　택시기사 : 네, 알겠습니다.
3,000원이에요.

인　　수 : 여기 있어요.
택시기사 : 네, 감사합니다. 안녕히
　　　　　가세요.

⑨ 지하철을 탈 거예요

1. 다음 정차할 역은 명동, 명동역입
　니다. 내리실 문은 오른쪽입니다.
2. 이번에 정차할 역은 시청, 시청역
　입니다. 내리실 문은 왼쪽입니다.
　계속해서 잠실, 신촌 방면으로 가실
　손님은 이곳에서 내리셔서 지하철
　2호선으로 갈아타시기 바랍니다.

⑩ 몇 번 버스를 타야 돼요

1. 인　　수 : 아저씨, 이 버스 동대
　　　　　　문 시장에 가요?
　버스기사 : 아니요, 안 가요.
　인　　수 : 그럼, 몇 번 버스를
　　　　　　타야 돼요?
　버스기사 : 700번 좌석 버스를
　　　　　　타세요.
2. 다음 정류장은 롯데월드, 롯데월
　드 앞입니다. 내리실 분은 버스가
　완전히 정차한 후에 내리시기 바
　랍니다.

⑪ 저는 물냉면을 먹을래요

1. 아저씨 : 어서 오세요.
　인　　수 : 아저씨, 냉면 하나 하고
　　　　　　비빔밥 하나 주세요.
　아저씨 : 네, 알겠습니다.
2. 누　　나 : 인수야, 뭐 먹을 거니?
　인　　수 : 음, 라면 하고 떡볶이
　　　　　　먹을 거예요.
　누　　나 : 알았어. 아주머니, 여기
　　　　　　라면하고 떡볶이 그리고
　　　　　　김밥 주세요.

⑫ 한 개에 얼마예요

1. 인　　수 : 아저씨, 우유 있어요?
　아저씨 : 응, 저쪽에 있어.
　인　　수 : 얼마예요?
　아저씨 : 한 개에 600원이야.
2. 인　　수 : 아주머니, 빵 주세요.
　아주머니 : 여기 있어.
　인　　수 : 얼마예요?
　아주머니 : 빵 한 개에 800원이야.
3. 인　　수 : 아저씨, 이 아이스크림
　　　　　　얼마예요?
　아저씨 : 그 아이스크림은 1,000
　　　　　원이야.
4. 인　　수 : 그럼, 저 과자는 얼마예요?

아저씨 : 과자는 한 봉지에 1,500
원이야.

⑬ 파란색이 더 좋아

1. 저는 티셔츠와 바지를 입었어요.
   티셔츠는 흰색이에요. 그리고 바
   지는 파란색이에요.
2. 저는 한복을 입었어요. 저고리는
   노란색이에요. 그리고 치마는 빨
   간색이에요.
3. 아버지는 양복을 입으셨어요. 양
   복은 모두 검은색이에요.

⑭ 동대문 시장에 가기로 했어

1. 저는 인수 사촌 누나예요. 저는
   옷을 사고 싶어요. 그래서 이번
   주말에 친구하고 동대문 시장에서
   옷을 사기로 했어요.
2. 저는 인수예요. 저는 바다에 가고
   싶어요. 그래서 이번 방학에 부모
   님하고 바다에 가기로 했어요.
3. 저는 인수 이모예요. 저는 요리를
   배우고 싶어요. 그래서 다음 달부
   터 요리를 배우기로 했어요.

⑮ 치즈버거보다 불고기버거가 더 맛있어

1. 안녕하세요? 저는 김영희예요. 한
   국에서 왔어요.
2. 처음 뵙겠습니다. 저는 사샤예요.
   러시아 사람이에요.
3. 만나서 반갑습니다. 저는 왕웨이
   예요. 저는 요리를 잘해요. 중국
   사람이에요.
4. 안녕하세요? 저는 산드라예요. 인
   도에서 왔어요.
5. 만나서 반갑습니다. 저는 존이에
   요. 미국 사람이에요.
6. 처음 뵙겠습니다. 저는 오스틴이
   에요. 영국에서 왔어요.

① 안녕하세요?

-아/어요

- 듣는 사람을 높일 때 쓰는 어미로 구어체에 많이 사용됨.

〈용법〉 제5과 참조

② 이 사람은 누구예요?

-은/는

- 대조 : 둘의 차이를 나타낼 때 사용하는 조사

  예 철수는 크고 영수는 작아요.

- 주제화 : 주제가 되는 말을 문두에 두어 사용함.

  예 그 사람은 가수예요.

  사과는 대구예요.

- 구 정보 전달 : 이미 지시된 것을 다시 거론할 때 사용함.

  예 저기 집이 있어요.

  그 집은 예뻐요.

〈용법〉

i) -은 : 자음으로 끝난 말 다음에 사용함.

  예 집 + 은

  물 + 은

ii) -는 : 모음으로 끝난 말 다음에 사용함.

  예 나무 + 는

  나 + 는

-예요

- '-입니다'와 같은 의미임. 끝을 올리면 의문형으로 '-입니까?'와 동일한 의미임.

- 반대말은 '아니에요'로 이 경우엔 '-이/가 아니에요'의 형태가 됨.

  예 저 사람은 군인이 아니에요.

〈용법〉

i) -이에요 : 자음으로 끝난 말 다음에 사용함.

  예 집 + 이에요

  밖 + 이에요

ii) -예요 : '-이에요'의 준말로 모음으로 끝난 말 다음에 사용함.

  예 친구 + 이에요/예요

  가수 + 이에요/예요

-가/이

- 앞말이 주어임을 나타내는 조사(주격 조사)

〈용법〉

i) -이 : 자음으로 끝난 말 다음에 사용함.

  예 집 + 이

  꽃 + 이

ii) -가 : 모음으로 끝난 말 다음에 사용함.

예 나무+가

　　소+가

이게

• '이것이'의 준말

　예 이게 뭐예요?

그건

• '그것은'의 준말

　예 그건 사과예요.

-에 있어요

• 사람이나 사물이 있는 위치나 장소를 나타낼 때 사용함.

　예 미영이는 학교에 있어요.

-겠습니다

• 자신의 의지를 듣는 사람에게 높여서 말하고자 할 때 사용함.

　예 내일 선생님 댁에 가겠습니다.

〈분석〉

　i) -겠- : 미래/추측/의지를 나타내는 어미

　ii) -습니다 : 듣는 사람을 높일 때 쓰는 어미(제1과의 '-아/어요'보다 더 높인 말)

-어/아요

〈용법〉

　i) -아요 : 어간의 마지막 모음이 'ㅏ' 또는 'ㅗ'일 때 사용함.

　　예 잡+아요　좁+아요

　■어간이 'ㅏ'로 끝난 경우에는 '-요'만 붙임.

　　예 가+아요 ⇒ 가요

　　　자+아요 ⇒ 자요

　■어간이 'ㅗ'로 끝난 경우에는 축약형도 인정함.

　　예 보+아요 = 보아요/봐요

　　단, '오(다)'는 축약형인 '와요'만을 인정하고, '놓(다)'는 '놓아요'와 '놔요' 둘 다 인정함.

　ii) -어요 : 어간의 마지막 모음이 'ㅏ'나 'ㅗ'가 아닐 때 사용함.

　　예 접+어요　집+어요

　■어간이 'ㅓ'로 끝난 경우에는 '-요'만 붙임.

　　예 서+어요 ⇒ 서요

　■어간이 'ㅡ' 모음으로 끝난 경우에는 'ㅡ' 모음을 탈락시키고 '-요'만 붙임.

　　예 끄+어요 ⇒ 꺼요

　　　쓰+어요 ⇒ 써요

　　단, '모으(다)'는 '모아요'가 됨.

　■어간이 'ㅣ'나 'ㅜ'로 끝난 경우에는 축약형도 인정함.

예 피 + 어요 = 피어요/펴요

추 + 어요 = 추어요/춰요

■ 어간이 'ㅔ, ㅐ'로 끝난 경우에
는 축약형도 인정함.

예 베 + 어요 ⇒ 베어요/베요

깨 + 어요 ⇒ 깨어요/깨요

iii) '하다'가 붙는 말은 '해요'로
실현됨.

예 사랑하 + 여요 ⇒ 사랑해요

iv) 'ㄹ' 불규칙 용언은 '-르' 앞
음절의 모음에 따라 '-ㄹ라요'
또는 'ㄹ러요'로 실현됨.

예 다르 + 아요 ⇒ 달라요

오르 + 아요 ⇒ 올라요

부르 + 어요 ⇒ 불러요

지르 + 어요 ⇒ 질러요

−을/를

• 앞말이 목적어임을 나타내는 조사
(목적격 조사)

〈용법〉

i) −을 : 자음으로 끝난 말 다음에
사용함.

예 집 + 을

꽃 + 을

ii) −를 : 모음으로 끝난 말 다음에
사용함.

예 나무 + 를

소 + 를

−에

• 시간을 나타내는 말 다음에 사용되
는 부사격 조사

예 5시에, 아침에, 조선시대에

단, '어제, 오늘, 내일, 아까, 방
금'과 같은 말에는 사용하지 않음.

6 바지가 어디에 있어요?

−하고

• '하고'는 '-와/과'와 같은 의미로 명
사 두 개 이상을 연결할 때 사용함.
구어체에서는 '-(이)랑'도 사용됨.

예 너와 나 = 너하고

나 = 너랑 나

−에 있어요

• 제3과 참조

7 오른쪽으로 돌아가세요

−(으)로

• 이동의 방향을 나타낼 때 사용되는
부사격 조사

〈용법〉

i) −로 : 모음이나 'ㄹ'로 끝난 말
다음에 사용함.

예 바다 + 로

하늘 + 로

ii) −으로 : 'ㄹ'을 제외한 다른 자
음으로 끝난 말 다음에 사용함.

예 산 + 으로

집 + 으로

-에서 -까지

• 장소의 경우에는 출발점과 도착점을 나타내고 시간의 경우에는 시작하는 시간과 마치는 시간을 나타낼 때 쓰는 조사

예 서울에서 부산까지 가는 버스를 탔다.
12시에서 1시까지가 점심 시간입니다.

-ㅆ/았/었/였-

• 과거를 나타내는 어미로 이 다음에 반드시 다른 어미가 뒤따라 옴.

예 인형을 샀어요.
밥을 먹었어요.

〈용법〉

i) -았- : 어간의 마지막 모음이 'ㅏ'나 'ㅗ'일 때 사용함.

예 잡+았+어요
놓+았+습니다

■ 어간이 'ㅏ'로 끝난 경우에는 'ㅆ'만 붙임.

예 가+ㅆ+어요 ⇒ 갔어요

■ 어간이 'ㅗ'로 끝난 경우에는 축약형도 인정함.

예 보+았+어요 ⇒ 보았어요/봤어요

단, '오(다)'는 축약형인 '왔(어요)'만 인정하고, '놓(다)'는 '놓았(어요)'와 '놨(어요)' 둘 다 인정함.

ii) -었- : 어간의 마지막 모음이 'ㅏ'나 'ㅗ'가 아닐 때 사용함.

예 접+었+어요
집+었+습니다

■ 어간이 'ㅓ'로 끝난 경우에는 'ㅆ'만 붙임.

예 서+ㅆ+어요 ⇒ 섰어요

■ 어간이 'ㅡ' 모음으로 끝난 경우에는 'ㅡ' 모음을 탈락시키고 'ㅓㅆ'만 붙임.

예 끄+ㅓㅆ+어요 ⇒ 껐어요
쓰+ㅓㅆ+어요 ⇒ 썼어요

단, '모으(다)'는 '모았(어요)'가 됨.

■ 어간이 'ㅣ'나 'ㅜ'로 끝난 경우에는 축약형도 인정함.

예 피+었+어요 ⇒ 피었어요/폈어요
주+었+어요 ⇒ 주었어요/줬어요

■ 어간이 'ㅔ, ㅐ'로 끝난 경우에는 축약형도 인정함.

예 베+었+어요 ⇒ 베었어요/벴어요

예 깨+었+어요 ⇒ 깨었어요/깼어요

iii) -였- : '하다'가 붙는 말에 사용됨. 구어체에서는 주로 '했'으로 실현됨.

예 사랑하+였+어요 ⇒
사랑하였어요/사랑했어요

iv) '르' 불규칙 용언은 '-르' 앞 음절의 모음에 따라 '-ㄹ랐(어요)'

또는 '-ㄹ렀(어요)'로 실현됨.

예 다르+았+어요 ⇒ 달랐어요

오르+았+어요 ⇒ 올랐어요

부르+었+어요 ⇒ 불렀어요

지르+었+어요 ⇒ 질렀어요

⑧ 잠실역으로 가 주세요

−(으)로

• 제7과 참조

−(으)러

• '(으)러'는 '가다, 오다'와 같은 말과 함께 쓰여 이동의 목적을 나타낼 때 사용하는 어미

예 맛있는 거 먹으러 가요.

공부하러 도서관에 다녀왔어요.

〈용법〉

i) -러 : 모음이나 'ㄹ'로 끝난 어간 다음에 사용함.

예 쉬+러

놀+러

ii) -으러 : 'ㄹ'을 제외한 다른 자음으로 끝난 어간 다음에 사용함.

예 먹+으러

잡+으러

−아/어 주다

• 주어가 다른 사람을 도와주는 마음으로 행동할 때 사용함. 높임말은 '주다' 대신에 '드리다'를 사용함.

예 철수는 영희의 가방을 들어 주었다.

미영아, 저기까지만 같이 가 줄래?

누나는 할머니의 방을 청소해 드렸어요.

• '-아/어'의 용법은 제5과 참조

⑨ 지하철을 탈 거예요

−(으)ㄹ 거예요

• 앞으로 하고자 하는 것에 대해 묻거나 대답할 때 사용함.

〈용법〉

i) 거예요 : 'ㄹ'로 끝난 어간 다음에 사용함.

예 놀+거예요

ii) -ㄹ 거예요 : 모음으로 끝난 어간 다음에 사용함.

예 가+ㄹ 거예요

iii) -을 거예요 : 'ㄹ'을 제외한 다른 자음으로 끝난 어간 다음에 사용함.

예 먹+을 거예요

⑩ 몇 번 버스를 타야 돼요?

−아/어야 돼요

• 꼭 해야 하는지 또는 어떻게 해야 좋은지를 말하거나 물을 때 사용함.

예 숙제는 꼭 해야 돼요.

목이 마를 땐 무엇을 마셔야 돼요?

〈용법〉 '-아/어야'에 대한 용법은 제 5과 참조

 저는 물냉면을 먹을래요

−(으)ㄹ래

• 상대편의 의사를 물을 경우와 그 물음에 답할 경우에 사용하는 어미로 의문형은 2인칭에만 사용되고 서술형은 1인칭에만 사용함.

예 너 집에 갈래?

응, 나 집에 갈래.

−시겠습니까?

• '-(으)ㄹ래?'의 높임말

 한 개에 얼마예요?

−에

• 단위를 나타내는 의존명사 다음에 쓰여 '마다'의 의미를 갖는 조사

예 한 개에 얼마예요?

열 개에 천원이에요.

⑬ **파란색이 더 좋아**

(−보다) 더

• 비교문에 사용되는 부사로 '-보다'와 함께 쓰이기도 함. ('-보다'는

제15과 참조)

예 나는 노란색보다 파란색이 더 좋아.

• 비교 내용이 동사일 경우에는 '잘, 많이' 같은 부사어가 들어감.

예 철수가 영수보다 더 잘 달려.

어제보다 오늘 비가 더 많이 와.

⑭ **동대문 시장에 가기로 했어**

−고 싶어요

• 자신이 희망하는 것을 나타낼 때 사용하는 말로 주어가 1인칭일 때는 평서형으로만 쓰고, 2인칭일 때는 의문형만으로 쓴다. 주어가 3인칭일 때는 쓰지 못한다.

예 나는 한국에 가고 싶어요.

나는 건강해지고 싶어요.

너는 나중에 뭐가 되고 싶니?

⑮ **치즈버거보다 불고기버거가 더 맛있어**

−보다

• 비교할 때 사용하는 조사로 동사 앞에서는 보통 '더, 많이'와 같은 말과 함께 쓰임.

예 영희가 순희보다 키가 커요.

철수가 영희보다 그림을 더 잘 그려요.

단어 색인

1 안녕하세요?

고모
남동생
누나/언니
삼촌
아버지/아빠
어머니/엄마
여동생
이모
이모부
할머니
할아버지
형/오빠

2 이 사람은 누구예요?

가수
경찰
선생님
야구 선수
영화배우
의사
학생
회사원

3 이게 뭐예요?

거실
방
부엌
비누
샴푸
수건
욕실
치약
칫솔
현관

4 잘 먹겠습니다

갈비
냉면
불고기
비빔밥
수정과
식혜

5 책을 읽어요

농구
배구

배드민턴
수영
야구
축구
태권도
테니스

 바지가 어디에 있어요?

바지
아래/위
앞/뒤
양말
오른쪽/왼쪽
옷장
의자
옆
책상
치마
침대
티셔츠

 오른쪽으로 돌아가세요.

꽃집
문구점
백화점
슈퍼마켓
우체국

은행
학교

8 잠실역으로 가 주세요

버스
신호등
육교
자전거
지하철
택시
횡단보도

9 지하철을 탈 거예요

갈아타요(갈아타다)
내려요(내리다)
지하철역
타요(타다)

10 몇 번 버스를 타야 돼요?

고속버스
공항버스
마을버스
버스 정류장
일반버스
좌석버스

11 저는 물냉면을 먹을래요

달아요(달다)
따뜻해요(따뜻하다)
뜨거워요(뜨겁다)
매워요(맵다)
시어요(시다)
시원해요(시원하다)
짜요(짜다)
차가워요(차갑다)

12 한 개에 얼마예요?

계란(달걀)
과자
사탕
아이스크림
요구르트
우산
콜라
휴지

13 파란색이 더 좋아

검은색
노란색
빨간색
보라색

연두색
주황색
초록색
파란색
흰색

14 동대문 시장에 가기로 했어

개
거북이
고양이
금붕어
딸기
바나나
앵무새
사과
수박
포도

15 치즈버거보다 불고기버거가 더 맛있어

스파게티
치킨
팥빙수
피자
햄버거
감자 튀김

학 생 증

사 진

이　름 :

학　년 :

반이름 :

집주소 :

학교 이름 _____

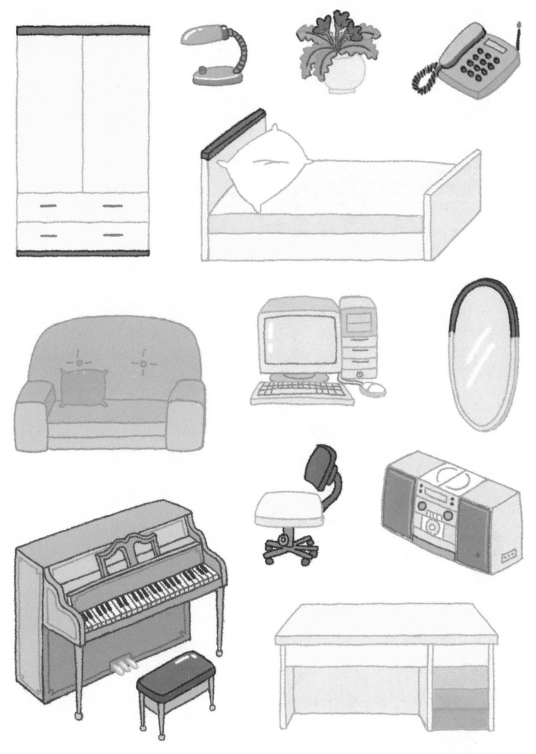

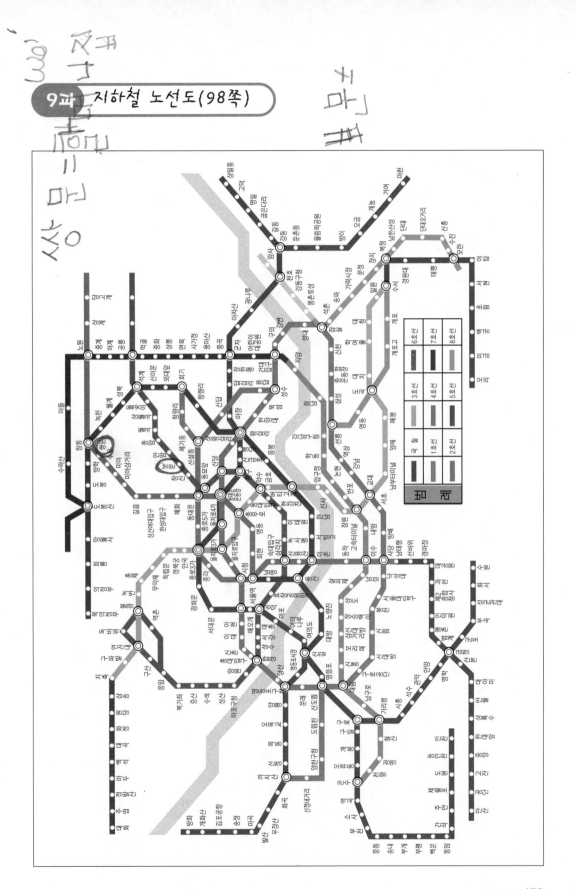

■ 연 구 · 개 발 　류재택(한국교육과정평가원)

■ 집 　필 　진 　김재욱(경희대학교)
　　　　　　　　연재훈(영국 런던대학교)
　　　　　　　　정연희(한국외국어대학교)
　　　　　　　　허 　용(한국외국어대학교)

■ 심 　의 　진 　김왕규(한국교육과정평가원)
　　　　　　　　신복희(서울홍연초등학교)
　　　　　　　　이병윤(국제교육진흥원)
　　　　　　　　장애자(서울독립문초등학교)
　　　　　　　　정만섭(교육과학기술부)

■ 삽 　화 　가 　정대영(자유기고가)

■ 편 　집 　진 　오명희(한국교육과정평가원)
　　　　　　　　장유진(한국교육과정평가원)

한 국 어　회화 1

2001년 12월 10일 초판 발행
2008년 12월 30일 재판 발행

저작권자 　교육과학기술부(www.moe.go.kr)
편 찬 자 　한국교육과정평가원(www.kice.re.kr)
발 행 인 　국제교육진흥원(www.ied.go.kr)
인 쇄 인 　(사)한국장애인e-work협회

ISBN 89-8472-097-6 64710
　　　89-8472-096-8 64710 (세트)